PLANNER

For

Girl, Stop Apologizing

A Shame-Free Plan For Embracing and Achieving Your Goals

By Rachel Hollis

BJ Richards

Notification:

This is a planner based on the original work by Rachel Hollis, *Girl Stop Apologizing: A Shame-Free Plan For Embracing and Achieving Your Goals*. It is not meant to replace the original work. If you have not read the original work, it is highly recommended you purchase it in conjunction with or prior to using this workbook.

This is planner is meant for educational and entertainment purposes only and has not been authorized, approved, licensed or endorsed by the original book's author or publisher and any of their licensees or affiliates.

All references in this planner to "Ms. Hollis" or "Ms. Hollis'" are referring to Rachel Hollis, author of *Girl Stop Apologizing: A Shame-Free Plan For Embracing and Achieving Your Goals*.

All references in this planner to "Ms. Hollis' original work" are referring to Rachel Hollis, author of *Girl Stop Apologizing: A Shame-Free Plan For Embracing and Achieving Your Goals*.

Copyright and Disclaimer

Copyright © 2019, BJ Richards

All rights reserved. No part of this publication may be reproduced, distributed, or transmitted in any form or by any means, including photocopying, scanning, recording, or other electronic or mechanical methods, without the prior written permission of BJ Richards, except in the case of brief quotations embodied in critical reviews and certain other noncommercial uses permitted by copyright law.

Distribution of this book without the prior permission of BJ Richards is illegal, and therefore punishable by law. It is not legal to reproduce, duplicate or transmit any part of this document either in printed format or electronically. It is strictly prohibited to record this publication and storage of the document is not allowed without written permission from the BJ Richards. All rights reserved.

Disclaimer:

Legal Notice: - BJ Richards and the accompanying materials have used their best efforts in preparing the material. This book has been composed with the best intention of providing correct and reliable information. The information provided is offered solely for informational purposes and is universal as so. This information is presented without contract or any type of guarantee assurance.

This is an unofficial planner meant for educational and entertainment purposes only and has not been authorized, approved, licensed or endorsed by the original book's author or publisher and any of their licensees or affiliates.

BJ Richards makes no representation or warranties with respect to the accuracy, applicability, fitness or completeness of the contents of this book. The information contained in this book is strictly for educational purposes and entertainment purposes only. Therefore, if you wish to apply ideas contained in this book, you are taking full responsibility for your actions.

BJ Richards disclaims any warranties (express or implied), merchantability, or fitness for any particular purpose. BJ Richards shall in no event be held liable to any party for any direct, indirect, punitive, special, incidental or other consequential damages arising directly or indirectly from any use of this material, which is provided "as is", and without warranties.

Any and all trademarks, product names, logos, brands and other trademarks featured or referred to within this publication are owned by their respective trademark publications and owners themselves, are not affiliated with this book and are for clarifying purposes only.

BJ Richards does not warrant the performance, effectiveness or applicability of any sites listed or linked to in this book. All links are for information purposes only and are not warranted for content, accuracy or any other implied or explicit purpose.

Recommended Book

I'm sure you already have this, but just in case, it is strongly recommended you purchase the original work by Ms. Hollis this planner is designed to compliment.

Girl, Stop Apologizing: A Shame-Free Plan for Embracing and Achieving Your Goals by Rachel Hollis

You can purchase it here: https://www.amazon.com/Girl-Stop-Apologizing-Shame-Free-Embracing-ebook/dp/B07DT7VJ8T

Recommended: Get The Whole Set

The Perfect Workbook for This Program:

Many readers find it helpful to use a workbook to help them implement lessons and go deeper into the material that is presented.

I've created a workbook that is the perfect companion to the original work by Ms. Hollis, *Girl Stop Apologizing*. In my workbook you'll find worksheets and exercises designed to draw in your own life experiences so you can capitalize on what Ms. Hollis is presenting.

I think you'll love it!

Workbook Companion for Girl Stop Apologizing by Rachel Hollis: A Shame-Free Plan for Embracing and Achieving Your Goals by BJ Richards

The Perfect Journal for This Program:

You're going to need a place to write out your daily steps as you go through the program like: The ten things you're grateful for each day, your intention for the day, tracking your daily habits, notes, etc.

No problem… I have it covered for you! **My journal is designed specifically for the program presented by Ms. Hollis** in her original work, *Girl Stop Apologizing*. This will help you make your journey even easier!

Journal for Girl Stop Apologizing by Rachel Hollis: A Shame-Free Plan for Embracing and Achieving Your Goals by BJ Richards

You May Also Be Interested In Some Of My Other Books

1) Find out what coconut oil can really do for you without all the hype. Check out my best-selling book: *Coconut Oil Breakthrough: Boost Your Brain, Burn the Fat, Build Your Hair* by BJ Richards

Check it out here: https://www.amazon.com/Coconut-Oil-Breakthrough-Boost-Brain-ebook/dp/B01EGBA1FW/

2) Do you have a dog? Here's another best seller you may be interested in. You'll find out to deal with a number of issues safely and inexpensively at home. Find out all about it in my best-seller: *Coconut Oil and My Dog: Natural Pet Health for My Canine Friend* by BJ Richards

You can check it out here: https://www.amazon.com/Coconut-Oil-My-Dog-Natural-ebook/dp/B01MUF93U1/

3) Did you know apple cider vinegar and baking soda have some amazing health benefits? Plus, you can use them for so many things in the home and save a ton of money.

You'll find out all about it my boxset: *Apple Cider Vinegar and Baking Soda 101 for Beginners Box Set* by BJ Richards

Check it out here: https://www.amazon.com/Apple-Cider-Vinegar-Baking-Beginners-ebook/dp/B07DPCLWGB/

You can also go **my website** to find even more books I've written and some recommended by other authors: https://bjrichardsauthor.com

How To Use This Planner for Greater Personal Growth

Newbies welcome! My main goal for writing this planner was so anyone, even a complete newbie, can start to get immediate help in implementing the lessons Ms. Hollis has presented in her book: *Girl Stop Apologizing: A Shame-Free Plan for Embracing And Achieving Your Goals.*

This planner is meant as a companion to Ms. Hollis' original work. Using this planner is the perfect way to keep you on track as you work through the program presented by Ms. Hollis.

The beginning of the planner gives you a blank Road Map for you to fill out with your start, finish and three main goalposts. This is the same Road map I provided you in my workbook I created for Ms. Hollis' program presented in *Girl Stop Apologizing*. You can just copy and/or adjust that here.

Next, you'll find the pages you need to write out the steps you're going to take to get from one goalpost to the other. If you followed my workbook designed to complement Ms. Hollis' original work, you should have already filled these pages out. You can just copy that information over to here to have it all in one place. Also, this will give you an opportunity to further review what you've written and make needed adjustments.

You'll find two pages allocated to each week. On one of those pages you'll be able to write out your schedule for the week and the sacred/goal hours you've allocated. Then there is a separate page to write out your Results List for each day that week so you can track your progress on a daily basis and see just how much you've accomplished.

You'll be amazed at how motivating it is when you see how all the little steps are coming together. This is a great tool to keep you incentivized and moving forward.

So jump in, start planning and have fun… it's your journey!

Your Road Map

1 Your Starting Point

2 Guide Post #1

3 Guide Post #2

4 Guide Post #3

5 Your Finish Line!

Mile Markers: Guide Post #1 to GP#2

Daily	Weekly	Monthly

Mile Markers: Guidepost #2 to GP#3

Daily	Weekly	Monthly

Mile Markers: Guide Post #3 to Finish

Daily	Weekly	Monthly

Schedule For Week Of _____

Monday

Tuesday

Wednesday

Thursday

Friday

Saturday

Sunday

"A goal is a dream with its workboots on." -- Rachel Hollis

Goal Post I'm Working On _____
For the Week of _____

Monday Results List
- ☐ _____
- ☐ _____
- ☐ _____
- ☐ _____
- ☐ _____

Tuesday Results List
- ☐ _____
- ☐ _____
- ☐ _____
- ☐ _____
- ☐ _____

Wednesday Results List
- ☐ _____
- ☐ _____
- ☐ _____
- ☐ _____
- ☐ _____

Thursday Results List
- ☐ _____
- ☐ _____
- ☐ _____
- ☐ _____
- ☐ _____

Friday Results List
- ☐ _____
- ☐ _____
- ☐ _____
- ☐ _____
- ☐ _____

Saturday Results List
- ☐ _____
- ☐ _____
- ☐ _____
- ☐ _____
- ☐ _____

Sunday Results List
- ☐ _____
- ☐ _____
- ☐ _____
- ☐ _____
- ☐ _____

My Sacred Goal Hours This Week
_____
_____
_____
_____

GO ALL IN

Schedule For Week Of _____

Monday

Tuesday

Wednesday

Thursday

Friday

Saturday

Sunday

"A goal is a dream with its workboots on." -- Rachel Hollis

Goal Post I'm Working On _____
For the Week of _____

Monday Results List
- ☐ _____
- ☐ _____
- ☐ _____
- ☐ _____
- ☐ _____

Tuesday Results List
- ☐ _____
- ☐ _____
- ☐ _____
- ☐ _____
- ☐ _____

Wednesday Results List
- ☐ _____
- ☐ _____
- ☐ _____
- ☐ _____
- ☐ _____

Thursday Results List
- ☐ _____
- ☐ _____
- ☐ _____
- ☐ _____
- ☐ _____

Friday Results List
- ☐ _____
- ☐ _____
- ☐ _____
- ☐ _____
- ☐ _____

Saturday Results List
- ☐ _____
- ☐ _____
- ☐ _____
- ☐ _____
- ☐ _____

Sunday Results List
- ☐ _____
- ☐ _____
- ☐ _____
- ☐ _____
- ☐ _____

My Sacred Goal Hours This Week
_____
_____
_____
_____

GO ALL IN

Schedule For Week Of _____

Monday

_____
_____
_____

Tuesday

_____
_____
_____

Wednesday

_____
_____
_____

Thursday

_____
_____
_____

Friday

_____
_____
_____

Saturday

_____
_____
_____

Sunday

_____
_____
_____

"A goal is a dream with its workboots on." -- Rachel Hollis

Goal Post I'm Working On _____
For the Week of _____

Monday Results List
- [ ] _____
- [ ] _____
- [ ] _____
- [ ] _____
- [ ] _____

Tuesday Results List
- [ ] _____
- [ ] _____
- [ ] _____
- [ ] _____
- [ ] _____

Wednesday Results List
- [ ] _____
- [ ] _____
- [ ] _____
- [ ] _____
- [ ] _____

Thursday Results List
- [ ] _____
- [ ] _____
- [ ] _____
- [ ] _____
- [ ] _____

Friday Results List
- [ ] _____
- [ ] _____
- [ ] _____
- [ ] _____
- [ ] _____

Saturday Results List
- [ ] _____
- [ ] _____
- [ ] _____
- [ ] _____
- [ ] _____

Sunday Results List
- [ ] _____
- [ ] _____
- [ ] _____
- [ ] _____
- [ ] _____

My Sacred Goal Hours This Week
_____
_____
_____
_____

GO ALL IN

Schedule For Week Of _____

Monday
_____
_____
_____

Tuesday
_____
_____
_____

Wednesday
_____
_____
_____

Thursday
_____
_____
_____

Friday
_____
_____
_____

Saturday
_____
_____
_____

Sunday
_____
_____
_____

"A goal is a dream with its workboots on." -- Rachel Hollis

Goal Post I'm Working On _____
For the Week of _____

Monday Results List
- ☐ _____
- ☐ _____
- ☐ _____
- ☐ _____
- ☐ _____

Tuesday Results List
- ☐ _____
- ☐ _____
- ☐ _____
- ☐ _____
- ☐ _____

Wednesday Results List
- ☐ _____
- ☐ _____
- ☐ _____
- ☐ _____
- ☐ _____

Thursday Results List
- ☐ _____
- ☐ _____
- ☐ _____
- ☐ _____
- ☐ _____

Friday Results List
- ☐ _____
- ☐ _____
- ☐ _____
- ☐ _____
- ☐ _____

Saturday Results List
- ☐ _____
- ☐ _____
- ☐ _____
- ☐ _____
- ☐ _____

Sunday Results List
- ☐ _____
- ☐ _____
- ☐ _____
- ☐ _____
- ☐ _____

My Sacred Goal Hours This Week
_____
_____
_____
_____

GO ALL IN

Schedule For Week Of _____

Monday

_____
_____
_____

Tuesday

_____
_____
_____

Wednesday

_____
_____
_____

Thursday

_____
_____
_____

Friday

_____
_____
_____

Saturday

_____
_____
_____

Sunday

_____
_____
_____

"A goal is a dream with its workboots on." -- Rachel Hollis

Goal Post I'm Working On _____
For the Week of _____

Monday Results List
- ☐ _____
- ☐ _____
- ☐ _____
- ☐ _____
- ☐ _____

Tuesday Results List
- ☐ _____
- ☐ _____
- ☐ _____
- ☐ _____
- ☐ _____

Wednesday Results List
- ☐ _____
- ☐ _____
- ☐ _____
- ☐ _____
- ☐ _____

Thursday Results List
- ☐ _____
- ☐ _____
- ☐ _____
- ☐ _____
- ☐ _____

Friday Results List
- ☐ _____
- ☐ _____
- ☐ _____
- ☐ _____
- ☐ _____

Saturday Results List
- ☐ _____
- ☐ _____
- ☐ _____
- ☐ _____
- ☐ _____

Sunday Results List
- ☐ _____
- ☐ _____
- ☐ _____
- ☐ _____
- ☐ _____

My Sacred Goal Hours This Week
_____
_____
_____
_____

GO ALL IN

Schedule For Week Of _____

Monday

Tuesday

Wednesday

Thursday

Friday

Saturday

Sunday

"A goal is a dream with its workboots on." -- Rachel Hollis

Goal Post I'm Working On _____
For the Week of _____

Monday Results List
- ☐ _____
- ☐ _____
- ☐ _____
- ☐ _____
- ☐ _____

Tuesday Results List
- ☐ _____
- ☐ _____
- ☐ _____
- ☐ _____
- ☐ _____

Wednesday Results List
- ☐ _____
- ☐ _____
- ☐ _____
- ☐ _____
- ☐ _____

Thursday Results List
- ☐ _____
- ☐ _____
- ☐ _____
- ☐ _____
- ☐ _____

Friday Results List
- ☐ _____
- ☐ _____
- ☐ _____
- ☐ _____
- ☐ _____

Saturday Results List
- ☐ _____
- ☐ _____
- ☐ _____
- ☐ _____
- ☐ _____

Sunday Results List
- ☐ _____
- ☐ _____
- ☐ _____
- ☐ _____
- ☐ _____

My Sacred Goal Hours This Week
_____
_____
_____
_____

GO ALL IN

Schedule For Week Of _____

Monday

Tuesday

Wednesday

Thursday

Friday

Saturday

Sunday

"A goal is a dream with its workboots on." -- Rachel Hollis

Goal Post I'm Working On _____
For the Week of _____

Monday Results List
- ☐ _____
- ☐ _____
- ☐ _____
- ☐ _____
- ☐ _____

Tuesday Results List
- ☐ _____
- ☐ _____
- ☐ _____
- ☐ _____
- ☐ _____

Wednesday Results List
- ☐ _____
- ☐ _____
- ☐ _____
- ☐ _____
- ☐ _____

Thursday Results List
- ☐ _____
- ☐ _____
- ☐ _____
- ☐ _____
- ☐ _____

Friday Results List
- ☐ _____
- ☐ _____
- ☐ _____
- ☐ _____
- ☐ _____

Saturday Results List
- ☐ _____
- ☐ _____
- ☐ _____
- ☐ _____
- ☐ _____

Sunday Results List
- ☐ _____
- ☐ _____
- ☐ _____
- ☐ _____
- ☐ _____

My Sacred Goal Hours This Week
_____
_____
_____
_____

GO ALL IN

Schedule For Week Of _____

Monday

Tuesday

Wednesday

Thursday

Friday

Saturday

Sunday

"A goal is a dream with its workboots on." -- Rachel Hollis

Goal Post I'm Working On _____
For the Week of _____

Monday Results List
- [ ] _____
- [ ] _____
- [ ] _____
- [ ] _____
- [ ] _____

Tuesday Results List
- [ ] _____
- [ ] _____
- [ ] _____
- [ ] _____
- [ ] _____

Wednesday Results List
- [ ] _____
- [ ] _____
- [ ] _____
- [ ] _____
- [ ] _____

Thursday Results List
- [ ] _____
- [ ] _____
- [ ] _____
- [ ] _____
- [ ] _____

Friday Results List
- [ ] _____
- [ ] _____
- [ ] _____
- [ ] _____
- [ ] _____

Saturday Results List
- [ ] _____
- [ ] _____
- [ ] _____
- [ ] _____
- [ ] _____

Sunday Results List
- [ ] _____
- [ ] _____
- [ ] _____
- [ ] _____
- [ ] _____

My Sacred Goal Hours This Week
_____
_____
_____
_____

GO ALL IN

Schedule For Week Of _____

Monday

Tuesday

Wednesday

Thursday

Friday

Saturday

Sunday

"A goal is a dream with its workboots on." -- Rachel Hollis

Goal Post I'm Working On _____
For the Week of _____

Monday Results List
- ☐ _____
- ☐ _____
- ☐ _____
- ☐ _____
- ☐ _____

Tuesday Results List
- ☐ _____
- ☐ _____
- ☐ _____
- ☐ _____
- ☐ _____

Wednesday Results List
- ☐ _____
- ☐ _____
- ☐ _____
- ☐ _____
- ☐ _____

Thursday Results List
- ☐ _____
- ☐ _____
- ☐ _____
- ☐ _____
- ☐ _____

Friday Results List
- ☐ _____
- ☐ _____
- ☐ _____
- ☐ _____
- ☐ _____

Saturday Results List
- ☐ _____
- ☐ _____
- ☐ _____
- ☐ _____
- ☐ _____

Sunday Results List
- ☐ _____
- ☐ _____
- ☐ _____
- ☐ _____
- ☐ _____

My Sacred Goal Hours This Week
_____
_____
_____
_____

GO ALL IN

Schedule For Week Of _____

Monday

Tuesday

Wednesday

Thursday

Friday

Saturday

Sunday

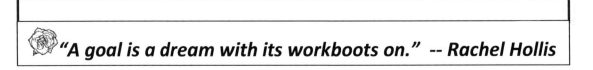 *"A goal is a dream with its workboots on."* -- Rachel Hollis

Goal Post I'm Working On _____
For the Week of _____

Monday Results List
- ☐ _____
- ☐ _____
- ☐ _____
- ☐ _____
- ☐ _____

Tuesday Results List
- ☐ _____
- ☐ _____
- ☐ _____
- ☐ _____
- ☐ _____

Wednesday Results List
- ☐ _____
- ☐ _____
- ☐ _____
- ☐ _____
- ☐ _____

Thursday Results List
- ☐ _____
- ☐ _____
- ☐ _____
- ☐ _____
- ☐ _____

Friday Results List
- ☐ _____
- ☐ _____
- ☐ _____
- ☐ _____
- ☐ _____

Saturday Results List
- ☐ _____
- ☐ _____
- ☐ _____
- ☐ _____
- ☐ _____

Sunday Results List
- ☐ _____
- ☐ _____
- ☐ _____
- ☐ _____
- ☐ _____

My Sacred Goal Hours This Week
_____
_____
_____
_____

GO ALL IN

Schedule For Week Of _____

Monday

Tuesday

Wednesday

Thursday

Friday

Saturday

Sunday

"A goal is a dream with its workboots on." -- Rachel Hollis

Goal Post I'm Working On _____

For the Week of _____

Monday Results List
- ☐ _____
- ☐ _____
- ☐ _____
- ☐ _____
- ☐ _____

Tuesday Results List
- ☐ _____
- ☐ _____
- ☐ _____
- ☐ _____
- ☐ _____

Wednesday Results List
- ☐ _____
- ☐ _____
- ☐ _____
- ☐ _____
- ☐ _____

Thursday Results List
- ☐ _____
- ☐ _____
- ☐ _____
- ☐ _____
- ☐ _____

Friday Results List
- ☐ _____
- ☐ _____
- ☐ _____
- ☐ _____
- ☐ _____

Saturday Results List
- ☐ _____
- ☐ _____
- ☐ _____
- ☐ _____
- ☐ _____

Sunday Results List
- ☐ _____
- ☐ _____
- ☐ _____
- ☐ _____
- ☐ _____

My Sacred Goal Hours This Week
_____
_____
_____
_____

GO ALL IN

Schedule For Week Of _____

Monday

Tuesday

Wednesday

Thursday

Friday

Saturday

Sunday

"A goal is a dream with its workboots on." -- Rachel Hollis

Goal Post I'm Working On _____
For the Week of _____

Monday Results List
- ☐ _____
- ☐ _____
- ☐ _____
- ☐ _____
- ☐ _____

Tuesday Results List
- ☐ _____
- ☐ _____
- ☐ _____
- ☐ _____
- ☐ _____

Wednesday Results List
- ☐ _____
- ☐ _____
- ☐ _____
- ☐ _____
- ☐ _____

Thursday Results List
- ☐ _____
- ☐ _____
- ☐ _____
- ☐ _____
- ☐ _____

Friday Results List
- ☐ _____
- ☐ _____
- ☐ _____
- ☐ _____
- ☐ _____

Saturday Results List
- ☐ _____
- ☐ _____
- ☐ _____
- ☐ _____
- ☐ _____

Sunday Results List
- ☐ _____
- ☐ _____
- ☐ _____
- ☐ _____
- ☐ _____

My Sacred Goal Hours This Week
_____
_____
_____
_____

GO ALL IN

Schedule For Week Of _____

Monday

Tuesday

Wednesday

Thursday

Friday

Saturday

Sunday

"A goal is a dream with its workboots on." -- Rachel Hollis

Goal Post I'm Working On _____
For the Week of _____

Monday Results List
- ☐ _____
- ☐ _____
- ☐ _____
- ☐ _____
- ☐ _____

Tuesday Results List
- ☐ _____
- ☐ _____
- ☐ _____
- ☐ _____
- ☐ _____

Wednesday Results List
- ☐ _____
- ☐ _____
- ☐ _____
- ☐ _____
- ☐ _____

Thursday Results List
- ☐ _____
- ☐ _____
- ☐ _____
- ☐ _____
- ☐ _____

Friday Results List
- ☐ _____
- ☐ _____
- ☐ _____
- ☐ _____
- ☐ _____

Saturday Results List
- ☐ _____
- ☐ _____
- ☐ _____
- ☐ _____
- ☐ _____

Sunday Results List
- ☐ _____
- ☐ _____
- ☐ _____
- ☐ _____
- ☐ _____

My Sacred Goal Hours This Week
_____
_____
_____
_____

GO ALL IN

Schedule For Week Of _____

Monday

Tuesday

Wednesday

Thursday

Friday

Saturday

Sunday

"A goal is a dream with its workboots on." -- Rachel Hollis

Goal Post I'm Working On _____
For the Week of _____

G O A L L I N

Monday Results List
- ☐ _____
- ☐ _____
- ☐ _____
- ☐ _____
- ☐ _____

Tuesday Results List
- ☐ _____
- ☐ _____
- ☐ _____
- ☐ _____
- ☐ _____

Wednesday Results List
- ☐ _____
- ☐ _____
- ☐ _____
- ☐ _____
- ☐ _____

Thursday Results List
- ☐ _____
- ☐ _____
- ☐ _____
- ☐ _____
- ☐ _____

Friday Results List
- ☐ _____
- ☐ _____
- ☐ _____
- ☐ _____
- ☐ _____

Saturday Results List
- ☐ _____
- ☐ _____
- ☐ _____
- ☐ _____
- ☐ _____

Sunday Results List
- ☐ _____
- ☐ _____
- ☐ _____
- ☐ _____
- ☐ _____

My Sacred Goal Hours This Week
_____
_____
_____
_____

Schedule For Week Of _____

Monday

Tuesday

Wednesday

Thursday

Friday

Saturday

Sunday

"A goal is a dream with its workboots on." -- Rachel Hollis

Goal Post I'm Working On _____
For the Week of _____

G O A L L I N

Monday Results List
- ☐ _____
- ☐ _____
- ☐ _____
- ☐ _____
- ☐ _____

Tuesday Results List
- ☐ _____
- ☐ _____
- ☐ _____
- ☐ _____
- ☐ _____

Wednesday Results List
- ☐ _____
- ☐ _____
- ☐ _____
- ☐ _____
- ☐ _____

Thursday Results List
- ☐ _____
- ☐ _____
- ☐ _____
- ☐ _____
- ☐ _____

Friday Results List
- ☐ _____
- ☐ _____
- ☐ _____
- ☐ _____
- ☐ _____

Saturday Results List
- ☐ _____
- ☐ _____
- ☐ _____
- ☐ _____
- ☐ _____

Sunday Results List
- ☐ _____
- ☐ _____
- ☐ _____
- ☐ _____
- ☐ _____

My Sacred Goal Hours This Week
_____
_____
_____
_____

Schedule For Week Of _____

Monday

Tuesday

Wednesday

Thursday

Friday

Saturday

Sunday

"A goal is a dream with its workboots on." -- Rachel Hollis

Goal Post I'm Working On _____
For the Week of _____

Monday Results List
- ☐ _____
- ☐ _____
- ☐ _____
- ☐ _____
- ☐ _____

Tuesday Results List
- ☐ _____
- ☐ _____
- ☐ _____
- ☐ _____
- ☐ _____

Wednesday Results List
- ☐ _____
- ☐ _____
- ☐ _____
- ☐ _____
- ☐ _____

Thursday Results List
- ☐ _____
- ☐ _____
- ☐ _____
- ☐ _____
- ☐ _____

Friday Results List
- ☐ _____
- ☐ _____
- ☐ _____
- ☐ _____
- ☐ _____

Saturday Results List
- ☐ _____
- ☐ _____
- ☐ _____
- ☐ _____
- ☐ _____

Sunday Results List
- ☐ _____
- ☐ _____
- ☐ _____
- ☐ _____
- ☐ _____

My Sacred Goal Hours This Week
_____
_____
_____
_____

GO ALL IN

Schedule For Week Of _____

Monday

Tuesday

Wednesday

Thursday

Friday

Saturday

Sunday

"A goal is a dream with its workboots on." -- Rachel Hollis

Goal Post I'm Working On _____
For the Week of _____

GO ALL IN

Monday Results List
- _____
- _____
- _____
- _____
- _____

Tuesday Results List
- _____
- _____
- _____
- _____
- _____

Wednesday Results List
- _____
- _____
- _____
- _____
- _____

Thursday Results List
- _____
- _____
- _____
- _____
- _____

Friday Results List
- _____
- _____
- _____
- _____
- _____

Saturday Results List
- _____
- _____
- _____
- _____
- _____

Sunday Results List
- _____
- _____
- _____
- _____
- _____

My Sacred Goal Hours This Week
_____
_____
_____
_____

Schedule For Week Of _____

Monday

Tuesday

Wednesday

Thursday

Friday

Saturday

Sunday

"A goal is a dream with its workboots on." -- Rachel Hollis

Goal Post I'm Working On _____
For the Week of _____

GO ALL IN

Monday Results List
- ☐ _____
- ☐ _____
- ☐ _____
- ☐ _____
- ☐ _____

Tuesday Results List
- ☐ _____
- ☐ _____
- ☐ _____
- ☐ _____
- ☐ _____

Wednesday Results List
- ☐ _____
- ☐ _____
- ☐ _____
- ☐ _____
- ☐ _____

Thursday Results List
- ☐ _____
- ☐ _____
- ☐ _____
- ☐ _____
- ☐ _____

Friday Results List
- ☐ _____
- ☐ _____
- ☐ _____
- ☐ _____
- ☐ _____

Saturday Results List
- ☐ _____
- ☐ _____
- ☐ _____
- ☐ _____
- ☐ _____

Sunday Results List
- ☐ _____
- ☐ _____
- ☐ _____
- ☐ _____
- ☐ _____

My Sacred Goal Hours This Week
_____
_____
_____
_____

Schedule For Week Of _____

Monday

Tuesday

Wednesday

Thursday

Friday

Saturday

Sunday

"A goal is a dream with its workboots on." -- Rachel Hollis

Goal Post I'm Working On _____
For the Week of _____

GO ALL IN

Monday Results List
- ☐ _____
- ☐ _____
- ☐ _____
- ☐ _____
- ☐ _____

Tuesday Results List
- ☐ _____
- ☐ _____
- ☐ _____
- ☐ _____
- ☐ _____

Wednesday Results List
- ☐ _____
- ☐ _____
- ☐ _____
- ☐ _____
- ☐ _____

Thursday Results List
- ☐ _____
- ☐ _____
- ☐ _____
- ☐ _____
- ☐ _____

Friday Results List
- ☐ _____
- ☐ _____
- ☐ _____
- ☐ _____
- ☐ _____

Saturday Results List
- ☐ _____
- ☐ _____
- ☐ _____
- ☐ _____
- ☐ _____

Sunday Results List
- ☐ _____
- ☐ _____
- ☐ _____
- ☐ _____
- ☐ _____

My Sacred Goal Hours This Week
_____
_____
_____
_____

Schedule For Week Of _____

Monday

Tuesday

Wednesday

Thursday

Friday

Saturday

Sunday

"A goal is a dream with its workboots on." -- Rachel Hollis

Goal Post I'm Working On _____
For the Week of _____

Monday Results List
- ☐ _____
- ☐ _____
- ☐ _____
- ☐ _____
- ☐ _____

Tuesday Results List
- ☐ _____
- ☐ _____
- ☐ _____
- ☐ _____
- ☐ _____

Wednesday Results List
- ☐ _____
- ☐ _____
- ☐ _____
- ☐ _____
- ☐ _____

Thursday Results List
- ☐ _____
- ☐ _____
- ☐ _____
- ☐ _____
- ☐ _____

Friday Results List
- ☐ _____
- ☐ _____
- ☐ _____
- ☐ _____
- ☐ _____

Saturday Results List
- ☐ _____
- ☐ _____
- ☐ _____
- ☐ _____
- ☐ _____

Sunday Results List
- ☐ _____
- ☐ _____
- ☐ _____
- ☐ _____
- ☐ _____

My Sacred Goal Hours This Week
_____
_____
_____
_____

GO ALL IN

Schedule For Week Of _____

Monday

Tuesday

Wednesday

Thursday

Friday

Saturday

Sunday

"A goal is a dream with its workboots on." -- Rachel Hollis

Goal Post I'm Working On _____
For the Week of _____

GO ALL IN

Monday Results List
- ☐ _____
- ☐ _____
- ☐ _____
- ☐ _____
- ☐ _____

Tuesday Results List
- ☐ _____
- ☐ _____
- ☐ _____
- ☐ _____
- ☐ _____

Wednesday Results List
- ☐ _____
- ☐ _____
- ☐ _____
- ☐ _____
- ☐ _____

Thursday Results List
- ☐ _____
- ☐ _____
- ☐ _____
- ☐ _____
- ☐ _____

Friday Results List
- ☐ _____
- ☐ _____
- ☐ _____
- ☐ _____
- ☐ _____

Saturday Results List
- ☐ _____
- ☐ _____
- ☐ _____
- ☐ _____
- ☐ _____

Sunday Results List
- ☐ _____
- ☐ _____
- ☐ _____
- ☐ _____
- ☐ _____

My Sacred Goal Hours This Week
_____
_____
_____
_____

Schedule For Week Of _____

Monday

Tuesday

Wednesday

Thursday

Friday

Saturday

Sunday

"A goal is a dream with its workboots on." -- Rachel Hollis

Goal Post I'm Working On _____
For the Week of _____

Monday Results List
- ☐ _____
- ☐ _____
- ☐ _____
- ☐ _____
- ☐ _____

Tuesday Results List
- ☐ _____
- ☐ _____
- ☐ _____
- ☐ _____
- ☐ _____

Wednesday Results List
- ☐ _____
- ☐ _____
- ☐ _____
- ☐ _____
- ☐ _____

Thursday Results List
- ☐ _____
- ☐ _____
- ☐ _____
- ☐ _____
- ☐ _____

Friday Results List
- ☐ _____
- ☐ _____
- ☐ _____
- ☐ _____
- ☐ _____

Saturday Results List
- ☐ _____
- ☐ _____
- ☐ _____
- ☐ _____
- ☐ _____

Sunday Results List
- ☐ _____
- ☐ _____
- ☐ _____
- ☐ _____
- ☐ _____

My Sacred Goal Hours This Week
_____
_____
_____
_____

GO ALL IN

Schedule For Week Of _____

Monday

Tuesday

Wednesday

Thursday

Friday

Saturday

Sunday

"A goal is a dream with its workboots on." -- Rachel Hollis

Goal Post I'm Working On _____
For the Week of _____

Monday Results List
- ☐ _____
- ☐ _____
- ☐ _____
- ☐ _____
- ☐ _____

Tuesday Results List
- ☐ _____
- ☐ _____
- ☐ _____
- ☐ _____
- ☐ _____

GO ALL IN

Wednesday Results List
- ☐ _____
- ☐ _____
- ☐ _____
- ☐ _____
- ☐ _____

Thursday Results List
- ☐ _____
- ☐ _____
- ☐ _____
- ☐ _____
- ☐ _____

Friday Results List
- ☐ _____
- ☐ _____
- ☐ _____
- ☐ _____
- ☐ _____

Saturday Results List
- ☐ _____
- ☐ _____
- ☐ _____
- ☐ _____
- ☐ _____

Sunday Results List
- ☐ _____
- ☐ _____
- ☐ _____
- ☐ _____
- ☐ _____

My Sacred Goal Hours This Week
_____
_____
_____
_____

Schedule For Week Of _____

Monday

Tuesday

Wednesday

Thursday

Friday

Saturday

Sunday

"A goal is a dream with its workboots on." -- Rachel Hollis

Goal Post I'm Working On _____
For the Week of _____

Monday Results List
- ☐ _____
- ☐ _____
- ☐ _____
- ☐ _____
- ☐ _____

Tuesday Results List
- ☐ _____
- ☐ _____
- ☐ _____
- ☐ _____
- ☐ _____

Wednesday Results List
- ☐ _____
- ☐ _____
- ☐ _____
- ☐ _____
- ☐ _____

Thursday Results List
- ☐ _____
- ☐ _____
- ☐ _____
- ☐ _____
- ☐ _____

Friday Results List
- ☐ _____
- ☐ _____
- ☐ _____
- ☐ _____
- ☐ _____

Saturday Results List
- ☐ _____
- ☐ _____
- ☐ _____
- ☐ _____
- ☐ _____

Sunday Results List
- ☐ _____
- ☐ _____
- ☐ _____
- ☐ _____
- ☐ _____

My Sacred Goal Hours This Week
_____
_____
_____
_____

GO ALL IN

Schedule For Week Of _____

Monday

Tuesday

Wednesday

Thursday

Friday

Saturday

Sunday

"A goal is a dream with its workboots on." -- Rachel Hollis

Goal Post I'm Working On _____
For the Week of _____

Monday Results List
- ☐ _____
- ☐ _____
- ☐ _____
- ☐ _____
- ☐ _____

Tuesday Results List
- ☐ _____
- ☐ _____
- ☐ _____
- ☐ _____
- ☐ _____

Wednesday Results List
- ☐ _____
- ☐ _____
- ☐ _____
- ☐ _____
- ☐ _____

Thursday Results List
- ☐ _____
- ☐ _____
- ☐ _____
- ☐ _____
- ☐ _____

Friday Results List
- ☐ _____
- ☐ _____
- ☐ _____
- ☐ _____
- ☐ _____

Saturday Results List
- ☐ _____
- ☐ _____
- ☐ _____
- ☐ _____
- ☐ _____

Sunday Results List
- ☐ _____
- ☐ _____
- ☐ _____
- ☐ _____
- ☐ _____

My Sacred Goal Hours This Week

GO ALL IN

Schedule For Week Of _____

Monday

Tuesday

Wednesday

Thursday

Friday

Saturday

Sunday

"A goal is a dream with its workboots on." -- Rachel Hollis

Goal Post I'm Working On _____
For the Week of _____

Monday Results List
- ☐ _____
- ☐ _____
- ☐ _____
- ☐ _____
- ☐ _____

Tuesday Results List
- ☐ _____
- ☐ _____
- ☐ _____
- ☐ _____
- ☐ _____

Wednesday Results List
- ☐ _____
- ☐ _____
- ☐ _____
- ☐ _____
- ☐ _____

Thursday Results List
- ☐ _____
- ☐ _____
- ☐ _____
- ☐ _____
- ☐ _____

Friday Results List
- ☐ _____
- ☐ _____
- ☐ _____
- ☐ _____
- ☐ _____

Saturday Results List
- ☐ _____
- ☐ _____
- ☐ _____
- ☐ _____
- ☐ _____

Sunday Results List
- ☐ _____
- ☐ _____
- ☐ _____
- ☐ _____
- ☐ _____

My Sacred Goal Hours This Week
_____
_____
_____
_____

GO ALL IN

Schedule For Week Of _____

Monday

Tuesday

Wednesday

Thursday

Friday

Saturday

Sunday

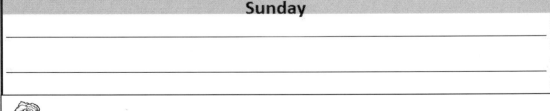 *"A goal is a dream with its workboots on."* -- Rachel Hollis

Goal Post I'm Working On _____
For the Week of _____

GO ALL IN

Monday Results List
- ☐ _____
- ☐ _____
- ☐ _____
- ☐ _____
- ☐ _____

Tuesday Results List
- ☐ _____
- ☐ _____
- ☐ _____
- ☐ _____
- ☐ _____

Wednesday Results List
- ☐ _____
- ☐ _____
- ☐ _____
- ☐ _____
- ☐ _____

Thursday Results List
- ☐ _____
- ☐ _____
- ☐ _____
- ☐ _____
- ☐ _____

Friday Results List
- ☐ _____
- ☐ _____
- ☐ _____
- ☐ _____
- ☐ _____

Saturday Results List
- ☐ _____
- ☐ _____
- ☐ _____
- ☐ _____
- ☐ _____

Sunday Results List
- ☐ _____
- ☐ _____
- ☐ _____
- ☐ _____
- ☐ _____

My Sacred Goal Hours This Week
_____
_____
_____
_____

Schedule For Week Of _____

Monday

Tuesday

Wednesday

Thursday

Friday

Saturday

Sunday

"A goal is a dream with its workboots on." -- Rachel Hollis

Goal Post I'm Working On _____
For the Week of _____

GO ALL IN

Monday Results List
- _____
- _____
- _____
- _____
- _____

Tuesday Results List
- _____
- _____
- _____
- _____
- _____

Wednesday Results List
- _____
- _____
- _____
- _____
- _____

Thursday Results List
- _____
- _____
- _____
- _____
- _____

Friday Results List
- _____
- _____
- _____
- _____
- _____

Saturday Results List
- _____
- _____
- _____
- _____
- _____

Sunday Results List
- _____
- _____
- _____
- _____
- _____

My Sacred Goal Hours This Week
_____
_____
_____
_____

Schedule For Week Of _____

Monday

Tuesday

Wednesday

Thursday

Friday

Saturday

Sunday

 *"A goal is a dream with its workboots on."* -- Rachel Hollis

Goal Post I'm Working On _____
For the Week of _____

G O A L   A L L   I N

Monday Results List
- ☐ _____
- ☐ _____
- ☐ _____
- ☐ _____
- ☐ _____

Tuesday Results List
- ☐ _____
- ☐ _____
- ☐ _____
- ☐ _____
- ☐ _____

Wednesday Results List
- ☐ _____
- ☐ _____
- ☐ _____
- ☐ _____
- ☐ _____

Thursday Results List
- ☐ _____
- ☐ _____
- ☐ _____
- ☐ _____
- ☐ _____

Friday Results List
- ☐ _____
- ☐ _____
- ☐ _____
- ☐ _____
- ☐ _____

Saturday Results List
- ☐ _____
- ☐ _____
- ☐ _____
- ☐ _____
- ☐ _____

Sunday Results List
- ☐ _____
- ☐ _____
- ☐ _____
- ☐ _____
- ☐ _____

My Sacred Goal Hours This Week
_____
_____
_____
_____

Schedule For Week Of _____

Monday

Tuesday

Wednesday

Thursday

Friday

Saturday

Sunday

"A goal is a dream with its workboots on." -- Rachel Hollis

Goal Post I'm Working On _____
For the Week of _____

Monday Results List
- ☐ _____
- ☐ _____
- ☐ _____
- ☐ _____
- ☐ _____

Tuesday Results List
- ☐ _____
- ☐ _____
- ☐ _____
- ☐ _____
- ☐ _____

GO ALL IN

Wednesday Results List
- ☐ _____
- ☐ _____
- ☐ _____
- ☐ _____
- ☐ _____

Thursday Results List
- ☐ _____
- ☐ _____
- ☐ _____
- ☐ _____
- ☐ _____

Friday Results List
- ☐ _____
- ☐ _____
- ☐ _____
- ☐ _____
- ☐ _____

Saturday Results List
- ☐ _____
- ☐ _____
- ☐ _____
- ☐ _____
- ☐ _____

Sunday Results List
- ☐ _____
- ☐ _____
- ☐ _____
- ☐ _____
- ☐ _____

My Sacred Goal Hours This Week
_____
_____
_____
_____

Schedule For Week Of _____

Monday

Tuesday

Wednesday

Thursday

Friday

Saturday

Sunday

"A goal is a dream with its workboots on." -- Rachel Hollis

Goal Post I'm Working On _____
For the Week of _____

Monday Results List
- ☐ _____
- ☐ _____
- ☐ _____
- ☐ _____
- ☐ _____

Tuesday Results List
- ☐ _____
- ☐ _____
- ☐ _____
- ☐ _____
- ☐ _____

G O   A L L   I N

Wednesday Results List
- ☐ _____
- ☐ _____
- ☐ _____
- ☐ _____
- ☐ _____

Thursday Results List
- ☐ _____
- ☐ _____
- ☐ _____
- ☐ _____
- ☐ _____

Friday Results List
- ☐ _____
- ☐ _____
- ☐ _____
- ☐ _____
- ☐ _____

Saturday Results List
- ☐ _____
- ☐ _____
- ☐ _____
- ☐ _____
- ☐ _____

Sunday Results List
- ☐ _____
- ☐ _____
- ☐ _____
- ☐ _____
- ☐ _____

My Sacred Goal Hours This Week
_____
_____
_____
_____

Schedule For Week Of _____

Monday

Tuesday

Wednesday

Thursday

Friday

Saturday

Sunday

"A goal is a dream with its workboots on." -- Rachel Hollis

Goal Post I'm Working On _____
For the Week of _____

Monday Results List
- ☐ _____
- ☐ _____
- ☐ _____
- ☐ _____
- ☐ _____

Tuesday Results List
- ☐ _____
- ☐ _____
- ☐ _____
- ☐ _____
- ☐ _____

Wednesday Results List
- ☐ _____
- ☐ _____
- ☐ _____
- ☐ _____
- ☐ _____

Thursday Results List
- ☐ _____
- ☐ _____
- ☐ _____
- ☐ _____
- ☐ _____

Friday Results List
- ☐ _____
- ☐ _____
- ☐ _____
- ☐ _____
- ☐ _____

Saturday Results List
- ☐ _____
- ☐ _____
- ☐ _____
- ☐ _____
- ☐ _____

Sunday Results List
- ☐ _____
- ☐ _____
- ☐ _____
- ☐ _____
- ☐ _____

My Sacred Goal Hours This Week
_____
_____
_____
_____

GO ALL IN

Schedule For Week Of _____

Monday

Tuesday

Wednesday

Thursday

Friday

Saturday

Sunday

"A goal is a dream with its workboots on." -- Rachel Hollis

Goal Post I'm Working On _____
For the Week of _____

Monday Results List
- ☐ _____
- ☐ _____
- ☐ _____
- ☐ _____
- ☐ _____

Tuesday Results List
- ☐ _____
- ☐ _____
- ☐ _____
- ☐ _____
- ☐ _____

Wednesday Results List
- ☐ _____
- ☐ _____
- ☐ _____
- ☐ _____
- ☐ _____

Thursday Results List
- ☐ _____
- ☐ _____
- ☐ _____
- ☐ _____
- ☐ _____

Friday Results List
- ☐ _____
- ☐ _____
- ☐ _____
- ☐ _____
- ☐ _____

Saturday Results List
- ☐ _____
- ☐ _____
- ☐ _____
- ☐ _____
- ☐ _____

Sunday Results List
- ☐ _____
- ☐ _____
- ☐ _____
- ☐ _____
- ☐ _____

My Sacred Goal Hours This Week
_____
_____
_____
_____

GO ALL IN

Schedule For Week Of _____

Monday

Tuesday

Wednesday

Thursday

Friday

Saturday

Sunday

"A goal is a dream with its workboots on." -- Rachel Hollis

Goal Post I'm Working On _____
For the Week of _____

GO ALL IN

Monday Results List
- ☐ _____
- ☐ _____
- ☐ _____
- ☐ _____
- ☐ _____

Tuesday Results List
- ☐ _____
- ☐ _____
- ☐ _____
- ☐ _____
- ☐ _____

Wednesday Results List
- ☐ _____
- ☐ _____
- ☐ _____
- ☐ _____
- ☐ _____

Thursday Results List
- ☐ _____
- ☐ _____
- ☐ _____
- ☐ _____
- ☐ _____

Friday Results List
- ☐ _____
- ☐ _____
- ☐ _____
- ☐ _____
- ☐ _____

Saturday Results List
- ☐ _____
- ☐ _____
- ☐ _____
- ☐ _____
- ☐ _____

Sunday Results List
- ☐ _____
- ☐ _____
- ☐ _____
- ☐ _____
- ☐ _____

My Sacred Goal Hours This Week
_____
_____
_____
_____

Schedule For Week Of _____

Monday

Tuesday

Wednesday

Thursday

Friday

Saturday

Sunday

"A goal is a dream with its workboots on." -- Rachel Hollis

Goal Post I'm Working On _____
For the Week of _____

GO ALL IN

Monday Results List
- ☐ _____
- ☐ _____
- ☐ _____
- ☐ _____
- ☐ _____

Tuesday Results List
- ☐ _____
- ☐ _____
- ☐ _____
- ☐ _____
- ☐ _____

Wednesday Results List
- ☐ _____
- ☐ _____
- ☐ _____
- ☐ _____
- ☐ _____

Thursday Results List
- ☐ _____
- ☐ _____
- ☐ _____
- ☐ _____
- ☐ _____

Friday Results List
- ☐ _____
- ☐ _____
- ☐ _____
- ☐ _____
- ☐ _____

Saturday Results List
- ☐ _____
- ☐ _____
- ☐ _____
- ☐ _____
- ☐ _____

Sunday Results List
- ☐ _____
- ☐ _____
- ☐ _____
- ☐ _____
- ☐ _____

My Sacred Goal Hours This Week
_____
_____
_____
_____

Schedule For Week Of _____

Monday

Tuesday

Wednesday

Thursday

Friday

Saturday

Sunday

 *"A goal is a dream with its workboots on."* -- Rachel Hollis

Goal Post I'm Working On _____
For the Week of _____

GO ALL IN

Monday Results List
- ☐ _____
- ☐ _____
- ☐ _____
- ☐ _____
- ☐ _____

Tuesday Results List
- ☐ _____
- ☐ _____
- ☐ _____
- ☐ _____
- ☐ _____

Wednesday Results List
- ☐ _____
- ☐ _____
- ☐ _____
- ☐ _____
- ☐ _____

Thursday Results List
- ☐ _____
- ☐ _____
- ☐ _____
- ☐ _____
- ☐ _____

Friday Results List
- ☐ _____
- ☐ _____
- ☐ _____
- ☐ _____
- ☐ _____

Saturday Results List
- ☐ _____
- ☐ _____
- ☐ _____
- ☐ _____
- ☐ _____

Sunday Results List
- ☐ _____
- ☐ _____
- ☐ _____
- ☐ _____
- ☐ _____

My Sacred Goal Hours This Week
_____
_____
_____
_____

Schedule For Week Of _____

Monday

Tuesday

Wednesday

Thursday

Friday

Saturday

Sunday

"A goal is a dream with its workboots on." -- Rachel Hollis

Goal Post I'm Working On _____
For the Week of _____

Monday Results List
- ☐ _____
- ☐ _____
- ☐ _____
- ☐ _____
- ☐ _____

Tuesday Results List
- ☐ _____
- ☐ _____
- ☐ _____
- ☐ _____
- ☐ _____

Wednesday Results List
- ☐ _____
- ☐ _____
- ☐ _____
- ☐ _____
- ☐ _____

Thursday Results List
- ☐ _____
- ☐ _____
- ☐ _____
- ☐ _____
- ☐ _____

Friday Results List
- ☐ _____
- ☐ _____
- ☐ _____
- ☐ _____
- ☐ _____

Saturday Results List
- ☐ _____
- ☐ _____
- ☐ _____
- ☐ _____
- ☐ _____

Sunday Results List
- ☐ _____
- ☐ _____
- ☐ _____
- ☐ _____
- ☐ _____

My Sacred Goal Hours This Week
_____
_____
_____
_____

GO ALL IN

Schedule For Week Of _____

Monday
_____
_____
_____

Tuesday
_____
_____
_____

Wednesday
_____
_____
_____

Thursday
_____
_____
_____

Friday
_____
_____
_____

Saturday
_____
_____
_____

Sunday
_____
_____
_____

"A goal is a dream with its workboots on." -- Rachel Hollis

Goal Post I'm Working On _____
For the Week of _____

Monday Results List
- ☐ _____
- ☐ _____
- ☐ _____
- ☐ _____
- ☐ _____

Tuesday Results List
- ☐ _____
- ☐ _____
- ☐ _____
- ☐ _____
- ☐ _____

Wednesday Results List
- ☐ _____
- ☐ _____
- ☐ _____
- ☐ _____
- ☐ _____

Thursday Results List
- ☐ _____
- ☐ _____
- ☐ _____
- ☐ _____
- ☐ _____

Friday Results List
- ☐ _____
- ☐ _____
- ☐ _____
- ☐ _____
- ☐ _____

Saturday Results List
- ☐ _____
- ☐ _____
- ☐ _____
- ☐ _____
- ☐ _____

Sunday Results List
- ☐ _____
- ☐ _____
- ☐ _____
- ☐ _____
- ☐ _____

My Sacred Goal Hours This Week
_____
_____
_____
_____

GO ALL IN

Schedule For Week Of _____

Monday

Tuesday

Wednesday

Thursday

Friday

Saturday

Sunday

"A goal is a dream with its workboots on." -- Rachel Hollis

Goal Post I'm Working On _____
For the Week of _____

Monday Results List
- ☐ _____
- ☐ _____
- ☐ _____
- ☐ _____
- ☐ _____

Tuesday Results List
- ☐ _____
- ☐ _____
- ☐ _____
- ☐ _____
- ☐ _____

Wednesday Results List
- ☐ _____
- ☐ _____
- ☐ _____
- ☐ _____
- ☐ _____

Thursday Results List
- ☐ _____
- ☐ _____
- ☐ _____
- ☐ _____
- ☐ _____

Friday Results List
- ☐ _____
- ☐ _____
- ☐ _____
- ☐ _____
- ☐ _____

Saturday Results List
- ☐ _____
- ☐ _____
- ☐ _____
- ☐ _____
- ☐ _____

Sunday Results List
- ☐ _____
- ☐ _____
- ☐ _____
- ☐ _____
- ☐ _____

My Sacred Goal Hours This Week
_____
_____
_____
_____

GO ALL IN

Schedule For Week Of _____

Monday

Tuesday

Wednesday

Thursday

Friday

Saturday

Sunday

 *"A goal is a dream with its workboots on."* -- Rachel Hollis

Goal Post I'm Working On _____
For the Week of _____

Monday Results List
- [ ] _____
- [ ] _____
- [ ] _____
- [ ] _____
- [ ] _____

Tuesday Results List
- [ ] _____
- [ ] _____
- [ ] _____
- [ ] _____
- [ ] _____

Wednesday Results List
- [ ] _____
- [ ] _____
- [ ] _____
- [ ] _____
- [ ] _____

Thursday Results List
- [ ] _____
- [ ] _____
- [ ] _____
- [ ] _____
- [ ] _____

Friday Results List
- [ ] _____
- [ ] _____
- [ ] _____
- [ ] _____
- [ ] _____

Saturday Results List
- [ ] _____
- [ ] _____
- [ ] _____
- [ ] _____
- [ ] _____

Sunday Results List
- [ ] _____
- [ ] _____
- [ ] _____
- [ ] _____
- [ ] _____

My Sacred Goal Hours This Week
_____
_____
_____
_____

GO ALL IN

Schedule For Week Of _____

Monday

Tuesday

Wednesday

Thursday

Friday

Saturday

Sunday

"A goal is a dream with its workboots on." -- Rachel Hollis

Goal Post I'm Working On _____
For the Week of _____

Monday Results List
- ☐ _____
- ☐ _____
- ☐ _____
- ☐ _____
- ☐ _____

Tuesday Results List
- ☐ _____
- ☐ _____
- ☐ _____
- ☐ _____
- ☐ _____

Wednesday Results List
- ☐ _____
- ☐ _____
- ☐ _____
- ☐ _____
- ☐ _____

Thursday Results List
- ☐ _____
- ☐ _____
- ☐ _____
- ☐ _____
- ☐ _____

Friday Results List
- ☐ _____
- ☐ _____
- ☐ _____
- ☐ _____
- ☐ _____

Saturday Results List
- ☐ _____
- ☐ _____
- ☐ _____
- ☐ _____
- ☐ _____

Sunday Results List
- ☐ _____
- ☐ _____
- ☐ _____
- ☐ _____
- ☐ _____

My Sacred Goal Hours This Week
_____
_____
_____
_____

GO ALL IN

Schedule For Week Of _____

Monday

Tuesday

Wednesday

Thursday

Friday

Saturday

Sunday

"A goal is a dream with its workboots on." -- Rachel Hollis

Goal Post I'm Working On _____
For the Week of _____

Monday Results List
- ☐ _____
- ☐ _____
- ☐ _____
- ☐ _____
- ☐ _____

Tuesday Results List
- ☐ _____
- ☐ _____
- ☐ _____
- ☐ _____
- ☐ _____

Wednesday Results List
- ☐ _____
- ☐ _____
- ☐ _____
- ☐ _____
- ☐ _____

Thursday Results List
- ☐ _____
- ☐ _____
- ☐ _____
- ☐ _____
- ☐ _____

Friday Results List
- ☐ _____
- ☐ _____
- ☐ _____
- ☐ _____
- ☐ _____

Saturday Results List
- ☐ _____
- ☐ _____
- ☐ _____
- ☐ _____
- ☐ _____

Sunday Results List
- ☐ _____
- ☐ _____
- ☐ _____
- ☐ _____
- ☐ _____

My Sacred Goal Hours This Week

_____
_____
_____
_____

GO ALL IN

Schedule For Week Of _____

Monday

Tuesday

Wednesday

Thursday

Friday

Saturday

Sunday

 *"A goal is a dream with its workboots on."* -- Rachel Hollis

Goal Post I'm Working On _____
For the Week of _____

GO ALL IN

Monday Results List
- ☐ _____
- ☐ _____
- ☐ _____
- ☐ _____
- ☐ _____

Tuesday Results List
- ☐ _____
- ☐ _____
- ☐ _____
- ☐ _____
- ☐ _____

Wednesday Results List
- ☐ _____
- ☐ _____
- ☐ _____
- ☐ _____
- ☐ _____

Thursday Results List
- ☐ _____
- ☐ _____
- ☐ _____
- ☐ _____
- ☐ _____

Friday Results List
- ☐ _____
- ☐ _____
- ☐ _____
- ☐ _____
- ☐ _____

Saturday Results List
- ☐ _____
- ☐ _____
- ☐ _____
- ☐ _____
- ☐ _____

Sunday Results List
- ☐ _____
- ☐ _____
- ☐ _____
- ☐ _____
- ☐ _____

My Sacred Goal Hours This Week
_____
_____
_____
_____

Schedule For Week Of _____

Monday

Tuesday

Wednesday

Thursday

Friday

Saturday

Sunday

 *"A goal is a dream with its workboots on."* -- Rachel Hollis

Goal Post I'm Working On _____
For the Week of _____

GO ALL IN

Monday Results List
- ☐ _____
- ☐ _____
- ☐ _____
- ☐ _____
- ☐ _____

Tuesday Results List
- ☐ _____
- ☐ _____
- ☐ _____
- ☐ _____
- ☐ _____

Wednesday Results List
- ☐ _____
- ☐ _____
- ☐ _____
- ☐ _____
- ☐ _____

Thursday Results List
- ☐ _____
- ☐ _____
- ☐ _____
- ☐ _____
- ☐ _____

Friday Results List
- ☐ _____
- ☐ _____
- ☐ _____
- ☐ _____
- ☐ _____

Saturday Results List
- ☐ _____
- ☐ _____
- ☐ _____
- ☐ _____
- ☐ _____

Sunday Results List
- ☐ _____
- ☐ _____
- ☐ _____
- ☐ _____
- ☐ _____

My Sacred Goal Hours This Week
_____
_____
_____
_____

Schedule For Week Of _____

Monday

Tuesday

Wednesday

Thursday

Friday

Saturday

Sunday

"A goal is a dream with its workboots on." -- Rachel Hollis

Goal Post I'm Working On _____
For the Week of _____

G O A L L   I N

Monday Results List
- ☐ _____
- ☐ _____
- ☐ _____
- ☐ _____
- ☐ _____

Tuesday Results List
- ☐ _____
- ☐ _____
- ☐ _____
- ☐ _____
- ☐ _____

Wednesday Results List
- ☐ _____
- ☐ _____
- ☐ _____
- ☐ _____
- ☐ _____

Thursday Results List
- ☐ _____
- ☐ _____
- ☐ _____
- ☐ _____
- ☐ _____

Friday Results List
- ☐ _____
- ☐ _____
- ☐ _____
- ☐ _____
- ☐ _____

Saturday Results List
- ☐ _____
- ☐ _____
- ☐ _____
- ☐ _____
- ☐ _____

Sunday Results List
- ☐ _____
- ☐ _____
- ☐ _____
- ☐ _____
- ☐ _____

My Sacred Goal Hours This Week
_____
_____
_____
_____

Schedule For Week Of _____

Monday

Tuesday

Wednesday

Thursday

Friday

Saturday

Sunday

"A goal is a dream with its workboots on." -- Rachel Hollis

Goal Post I'm Working On _____
For the Week of _____

Monday Results List
- [ ] _____
- [ ] _____
- [ ] _____
- [ ] _____
- [ ] _____

Tuesday Results List
- [ ] _____
- [ ] _____
- [ ] _____
- [ ] _____
- [ ] _____

Wednesday Results List
- [ ] _____
- [ ] _____
- [ ] _____
- [ ] _____
- [ ] _____

Thursday Results List
- [ ] _____
- [ ] _____
- [ ] _____
- [ ] _____
- [ ] _____

Friday Results List
- [ ] _____
- [ ] _____
- [ ] _____
- [ ] _____
- [ ] _____

Saturday Results List
- [ ] _____
- [ ] _____
- [ ] _____
- [ ] _____
- [ ] _____

Sunday Results List
- [ ] _____
- [ ] _____
- [ ] _____
- [ ] _____
- [ ] _____

My Sacred Goal Hours This Week
_____
_____
_____
_____

GO ALL IN

Schedule For Week Of _____

Monday

_____
_____
_____

Tuesday

_____
_____
_____

Wednesday

_____
_____
_____

Thursday

_____
_____
_____

Friday

_____
_____
_____

Saturday

_____
_____
_____

Sunday

_____
_____
_____

"A goal is a dream with its workboots on." -- Rachel Hollis

Goal Post I'm Working On _____
For the Week of _____

G
O
A
L
L
I
N

Monday Results List
- ☐ _____
- ☐ _____
- ☐ _____
- ☐ _____
- ☐ _____

Tuesday Results List
- ☐ _____
- ☐ _____
- ☐ _____
- ☐ _____
- ☐ _____

Wednesday Results List
- ☐ _____
- ☐ _____
- ☐ _____
- ☐ _____
- ☐ _____

Thursday Results List
- ☐ _____
- ☐ _____
- ☐ _____
- ☐ _____
- ☐ _____

Friday Results List
- ☐ _____
- ☐ _____
- ☐ _____
- ☐ _____
- ☐ _____

Saturday Results List
- ☐ _____
- ☐ _____
- ☐ _____
- ☐ _____
- ☐ _____

Sunday Results List
- ☐ _____
- ☐ _____
- ☐ _____
- ☐ _____
- ☐ _____

My Sacred Goal Hours This Week
_____
_____
_____
_____

Schedule For Week Of _____

Monday

Tuesday

Wednesday

Thursday

Friday

Saturday

Sunday

"A goal is a dream with its workboots on." -- Rachel Hollis

Goal Post I'm Working On _____
For the Week of _____

Monday Results List
- ☐ _____
- ☐ _____
- ☐ _____
- ☐ _____
- ☐ _____

Tuesday Results List
- ☐ _____
- ☐ _____
- ☐ _____
- ☐ _____
- ☐ _____

Wednesday Results List
- ☐ _____
- ☐ _____
- ☐ _____
- ☐ _____
- ☐ _____

Thursday Results List
- ☐ _____
- ☐ _____
- ☐ _____
- ☐ _____
- ☐ _____

Friday Results List
- ☐ _____
- ☐ _____
- ☐ _____
- ☐ _____
- ☐ _____

Saturday Results List
- ☐ _____
- ☐ _____
- ☐ _____
- ☐ _____
- ☐ _____

Sunday Results List
- ☐ _____
- ☐ _____
- ☐ _____
- ☐ _____
- ☐ _____

My Sacred Goal Hours This Week
_____
_____
_____
_____

GO ALL IN

Schedule For Week Of _____

Monday

Tuesday

Wednesday

Thursday

Friday

Saturday

Sunday

"A goal is a dream with its workboots on." -- Rachel Hollis

Goal Post I'm Working On _____
For the Week of _____

GO ALL IN

Monday Results List
- ☐ _____
- ☐ _____
- ☐ _____
- ☐ _____
- ☐ _____

Tuesday Results List
- ☐ _____
- ☐ _____
- ☐ _____
- ☐ _____
- ☐ _____

Wednesday Results List
- ☐ _____
- ☐ _____
- ☐ _____
- ☐ _____
- ☐ _____

Thursday Results List
- ☐ _____
- ☐ _____
- ☐ _____
- ☐ _____
- ☐ _____

Friday Results List
- ☐ _____
- ☐ _____
- ☐ _____
- ☐ _____
- ☐ _____

Saturday Results List
- ☐ _____
- ☐ _____
- ☐ _____
- ☐ _____
- ☐ _____

Sunday Results List
- ☐ _____
- ☐ _____
- ☐ _____
- ☐ _____
- ☐ _____

My Sacred Goal Hours This Week
_____
_____
_____
_____

Schedule For Week Of _____

Monday

Tuesday

Wednesday

Thursday

Friday

Saturday

Sunday

"A goal is a dream with its workboots on." -- Rachel Hollis

Goal Post I'm Working On _____
For the Week of _____

Monday Results List
- [ ] _____
- [ ] _____
- [ ] _____
- [ ] _____
- [ ] _____

Tuesday Results List
- [ ] _____
- [ ] _____
- [ ] _____
- [ ] _____
- [ ] _____

Wednesday Results List
- [ ] _____
- [ ] _____
- [ ] _____
- [ ] _____
- [ ] _____

Thursday Results List
- [ ] _____
- [ ] _____
- [ ] _____
- [ ] _____
- [ ] _____

Friday Results List
- [ ] _____
- [ ] _____
- [ ] _____
- [ ] _____
- [ ] _____

Saturday Results List
- [ ] _____
- [ ] _____
- [ ] _____
- [ ] _____
- [ ] _____

Sunday Results List
- [ ] _____
- [ ] _____
- [ ] _____
- [ ] _____
- [ ] _____

My Sacred Goal Hours This Week
_____
_____
_____
_____

GO ALL IN

Schedule For Week Of _____

Monday

Tuesday

Wednesday

Thursday

Friday

Saturday

Sunday

 *"A goal is a dream with its workboots on."* -- Rachel Hollis

Goal Post I'm Working On _____
For the Week of _____

Monday Results List
- ☐ _____
- ☐ _____
- ☐ _____
- ☐ _____
- ☐ _____

Tuesday Results List
- ☐ _____
- ☐ _____
- ☐ _____
- ☐ _____
- ☐ _____

Wednesday Results List
- ☐ _____
- ☐ _____
- ☐ _____
- ☐ _____
- ☐ _____

Thursday Results List
- ☐ _____
- ☐ _____
- ☐ _____
- ☐ _____
- ☐ _____

Friday Results List
- ☐ _____
- ☐ _____
- ☐ _____
- ☐ _____
- ☐ _____

Saturday Results List
- ☐ _____
- ☐ _____
- ☐ _____
- ☐ _____
- ☐ _____

Sunday Results List
- ☐ _____
- ☐ _____
- ☐ _____
- ☐ _____
- ☐ _____

My Sacred Goal Hours This Week
_____
_____
_____
_____

GO ALL IN

Schedule For Week Of _____

Monday

Tuesday

Wednesday

Thursday

Friday

Saturday

Sunday

"A goal is a dream with its workboots on." -- Rachel Hollis

Goal Post I'm Working On _____
For the Week of _____

G
O
A
L
L
I
N

Monday Results List
- ☐ _____
- ☐ _____
- ☐ _____
- ☐ _____
- ☐ _____

Tuesday Results List
- ☐ _____
- ☐ _____
- ☐ _____
- ☐ _____
- ☐ _____

Wednesday Results List
- ☐ _____
- ☐ _____
- ☐ _____
- ☐ _____
- ☐ _____

Thursday Results List
- ☐ _____
- ☐ _____
- ☐ _____
- ☐ _____
- ☐ _____

Friday Results List
- ☐ _____
- ☐ _____
- ☐ _____
- ☐ _____
- ☐ _____

Saturday Results List
- ☐ _____
- ☐ _____
- ☐ _____
- ☐ _____
- ☐ _____

Sunday Results List
- ☐ _____
- ☐ _____
- ☐ _____
- ☐ _____
- ☐ _____

My Sacred Goal Hours This Week
_____
_____
_____
_____

Thank you.

I want to thank you for purchasing this planner. I hope you've enjoyed completing it as much as I've enjoyed writing it and it helps you on your path toward your goal and your dream.

You can stay in touch with me at my website:
https://bjrichardsauthor.com

Or on my Facebook page:
https://www.facebook.com/BJ.Richards.Author/

And be sure to check out the other books I've written. You can see some of them on the Recommended Reading pages I've included here, or at my website.

Good luck on your journey to a happier, healthier you!

Recommended Book

I'm sure you already have this, but just in case, it is strongly recommended you purchase the original work by Ms. Hollis this journal is designed to compliment.

Girl, Stop Apologizing: A Shame-Free Plan for Embracing and Achieving Your Goals by Rachel Hollis

You can purchase it here: https://www.amazon.com/Girl-Stop-Apologizing-Shame-Free-Embracing-ebook/dp/B07DT7VJ8T

Recommended: Get The Whole Set

The Perfect Workbook for This Program:

Many readers find it helpful to use a workbook to help them implement lessons and go deeper into the material that is presented.

I've created a workbook that is the perfect companion to the original work by Ms. Hollis, *Girl Stop Apologizing*. In my workbook you'll find worksheets and exercises designed to draw in your own life experiences so you can capitalize on what Ms. Hollis is presenting.

I think you'll love it!

Workbook Companion for Girl Stop Apologizing by Rachel Hollis: A Shame-Free Plan for Embracing and Achieving Your Goals by BJ Richards

The Perfect Journal for This Program:

You're going to need a place to write out your daily steps as you go through the program like: The ten things you're grateful for each day, your intention for the day, tracking your daily habits, notes, etc.

No problem… I have it covered for you! **My journal is designed specifically for the program presented by Ms. Hollis** in her original work, *Girl Stop Apologizing*. This will help you make your journey even easier!

Journal for Girl Stop Apologizing by Rachel Hollis: A Shame-Free Plan for Embracing and Achieving Your Goals by BJ Richards

You May Also Be Interested In Some Of My Other Books

1) Find out what coconut oil can really do for you without all the hype. Check out my best-selling book: *Coconut Oil Breakthrough: Boost Your Brain, Burn the Fat, Build Your Hair* by BJ Richards

You can learn more here: https://www.amazon.com/Coconut-Oil-Breakthrough-Boost-Brain-ebook/dp/B01EGBA1FW/

2) Do you have a dog? Here's another best seller you may be interested in. You'll find out to deal with a number of issues safely and inexpensively at home. Find out all about it in my best-seller: *Coconut Oil and My Dog: Natural Pet Health for My Canine Friend* by BJ Richards

You can check it out here: https://www.amazon.com/Coconut-Oil-My-Dog-Natural-ebook/dp/B01MUF93U1/

3) Did you know apple cider vinegar and baking soda have some amazing health benefits? Plus, you can use them for so many things in the home and save a ton of money.

You'll find out all about it my boxset: *Apple Cider Vinegar and Baking Soda 101 for Beginners Box Set* by BJ Richards

Check it out here: https://www.amazon.com/Apple-Cider-Vinegar-Baking-Beginners-ebook/dp/B07DPCLWGB/

You can also go **my website** to find even more books I've written and some recommended by other authors: https://bjrichardsauthor.com

Made in the USA
San Bernardino, CA
06 March 2020